LA FOLLE DE PIRNA,

ANECDOTE,

Par Mme la Baronne Adèle de Ravenstein,

Auteur d'ATALE, d'IOLANDE, d'ARTHUR, etc.

MAMERS,

Imprimerie de JULES FLEURY.

— 1844. —

160

LA FOLLE DE PIRNA.

LA FOLLE DE PIRNA,

ANECDOTE,

Par Mme la Baronne Adèle de Ravenstein,

Auteur d'ATALE, d'IOLANDE, d'ARTHUR, etc.

MAMERS,

Imprimerie de JULES FLEURY.

— 1844. —

La confiance est la crédulité du cœur.

C. M. PAFFE.

Lorsque l'armée française entra à Pirna, l'Empereur fut obligé, à son grand regret, de faire évacuer l'hôpital des fous afin d'y déposer nos blessés. Malgré l'urgence de cette mesure, Napoléon éprouva un vif déplaisir en cédant à une aussi impérieuse nécessité : sa bonté naturelle lui faisait sincèrement compatir aux souffrances de ces misérables, et se reprochant l'indispensable sollicitude qui les avait privés de l'asile où des soins charitables leur étaient prodigués, il demanda, avec intérêt, dans quel endroit on les avait placés.

— Ils sont provisoirement déposés dans une église, Sire, lui répondit-on.

En effet, les troupes encombraient tellement la ville qu'il n'y avait pas moyen de trouver un logement plus convenable pour ces pauvres insensés.

Un léger signe de tête annonça le mécontentement que cette nouvelle causait à l'Empereur.

— Que votre majesté se tranquillise sur le sort de ces êtres dépourvus de raison ; — s'écria Turenne, écuyer de Napoléon ; — ils ne sont pas si à plaindre qu'on pourrait le supposer ; il y a deux femmes surtout qui sont charmées de l'arrivée de votre majesté.

— Comment cela ?

— Oui vraiment, Sire ; elles espèrent même que votre majesté voudra bien les honorer d'une visite. L'une d'elles se croit la Vierge Marie, et, en sa qualité de mère du sauveur des hommes, elle a pris possession de la chapelle de la Vierge dont elle fait les honneurs avec une merveilleuse aisance ; absolument comme si elle était dans son salon de réception. — Me voilà donc enfin dans la maison de mon fils! s'écriait-elle en prenant de grands airs et des manières protectrices dignes de la reine des cieux.

— Combien je suis heureuse, Monsieur! ajouta-t-elle, en se tournant vers moi et me faisant un signe obligeant. Veuillez dire à Napoléon qu'il sera le bienvenu dans ma maison et que nous attendons avec impatience sa visite, mon fils et moi, pour lui rendre mille actions de grâces de nous avoir réunis.

— Et l'autre, Turenne? reprit l'Empereur; et l'autre? Est-ce aussi quelque illustre sainte du Paradis?

— Ce serait plutôt un de ses anges, sire, car elle est belle comme un Séraphin. Elle est devenue folle d'amour pour votre majesté.

—Turenne, je n'aime pas qu'on plaisante sur un pareil sujet; cette dégradation de l'espèce humaine est trop affligeante pour qu'il soit permis d'en rire ; la raillerie sied mal en présence d'une semblable infortune.

—Mais sire, je parle très-sérieusement, je vous le jure. Cette jeune personne appartient à l'une des familles les plus distinguées de la Bohême. A l'époque des guerres de 1807 (elle avait à peine quinze ans) elle ne put entendre parler des exploits surnaturels de votre majesté sans un enthousiasme qui s'exalta par degrés jusqu'au délire, jusqu'à la démence. La pauvre enfant vous vit, sire; l'éclat de votre colossale renommée l'éblouit ; sa tête se perdit; la contemplation de son idole lui donna le vertige; elle vous aima, vous adora, et, dans son égarement, elle ne voulut plus répondre qu'au nom de Napoléonide. Son culte pour votre majesté a quelque chose d'angélique comme son doux visage, comme son regard limpide où l'azur du ciel semble refléchi; elle a maintenant vingt-deux ans; le dérangement de ses facultés intellectuelles, loin de nuire au développement de ses attraits physiques, paraîtrait, au contraire, l'avoir favorisé; je n'ai de ma vie rien vu de si beau; sa taille est souple, élancée, gracieuse; sa physionomie est charmante; ses manières sont pleines de noblesse. Lorsqu'on a conduit les aliénés à l'église en sortant de l'hôpital des fous, ses regards inattentifs ont tout à coup été frappés par l'aspect imprévu des uniformes français : un frisson d'espoir et de joie a parcouru tous ses membres à cette vue; une rougeur soudaine à coloré ses joues; son coup d'œil s'est animé d'un feu subit; l'inflexion de sa voix est devenue pénétrante, et quelques lueurs de lucidité ayant illuminé sa raison à demi perdue, elle a demandé à voir *son Napoléon :* elle s'adressait tour à tour à chacun des officiers qui venaient visiter les fous, afin de le conjurer d'accomplir son ardent désir. Je ne puis vous exprimer à quel point j'étais ému en voyant cette belle jeune fille, les yeux en pleurs, les mains jointes, ses longs cheveux blonds épars, me dire, d'une voix douce, mélodieuse, avec un accent suppliant, qui me touchait jusqu'au fond de l'âme. — Ah! je vous en prie, monsieur, conduisez-moi vers Napoléon. Prenez pitié de la pauvre Napoléonide. Ne rejetez pas ses vœux; ne la réduisez pas au désespoir comme ses cruels gardiens; il y a si long-temps qu'elle souffre! Ah! Monsieur, Monsieur, conduisez-moi près de Napoléon, je voudrais le voir un instant, un seul instant, je vous en prie! — Votre Majesté se laissera sans doute attendrir par cette insistante prière, et l'infatigable persévérance de la jeune aliénée sera couronnée de succès...... Voulez-vous que je vous l'amène, Sire?

— Gardez-vous en bien, Turenne, répondit l'Empereur avec précipitation ; d'après ce que je viens d'apprendre, ma vue, loin de guérir cette malheureuse, ne ferait qu'accroître sa folie, et j'ai assez de fous dans mon empire sans y joindre les étrangers. — Puis il ajouta presqu'aussitôt d'un air profondément affecté :

— Mes amis, mes parents, des milliers d'ingrats, fatigués du poids de mes bienfaits, m'abandonnent, me trahissent, et cette jeune insensée reste fidèle à sa chimère depuis sept années, sans avoir d'autre aliment pour entretenir sa flamme extravagante, que l'image idéale d'un être qu'elle ne doit jamais voir, d'un être qui ne peut lui accorder en échange d'une vie entière de dévouement, d'affection, qu'une stérile pitié.... ô Destinée!...

Et Napoléon, sans vouloir écouter davantage les instances de son écuyer en faveur de la pauvre insensée, s'éloigna d'un air pensif, emportant au fond de son âme le doux souvenir de la jeune illuminée dont il avait craint d'encourager le délire.

TIRÉ A 18 EXEMPLAIRES.

Deux sur papier de couleur et 16 sur papier blanc.

www.ingramcontent.com/pod-product-compliance
Lightning Source LLC
Chambersburg PA
CBHW060934050426
42453CB00010B/2008